Francesco e il Principe di Gerusalemme

Illustrazioni di Ivano Ceriani

edizioni
terra santa

ell'antica città di Gerusalemme è l'ora più calda del giorno. All'ombra dei portici una sentinella, sfinita dalla calura, russa rumorosamente.

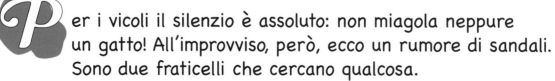

Per i vicoli il silenzio è assoluto: non miagola neppure un gatto! All'improvviso, però, ecco un rumore di sandali. Sono due fraticelli che cercano qualcosa.

 iunti davanti al Santo Sepolcro i due frati si fermano, felici di essere arrivati. TOC TOC!, bussano al portone: "Per favore, qualcuno ci apra!".

U n soldataccio, fuori di sé, apre lo spioncino: "Chi disturba? – sbraita –. Se siete pellegrini, per entrare in chiesa dovete pagare 9 zecchini d'oro!".

iamo frati - spiegano al soldato - e veniamo per pregare sul Sepolcro del Signore. Purtroppo, però, non abbiamo né oro né argento".

"Non potete pagare? Ma questo è un affronto al Principe di Gerusalemme in persona!". La guardia si agita tanto al punto che accorrono anche gli altri soldati.

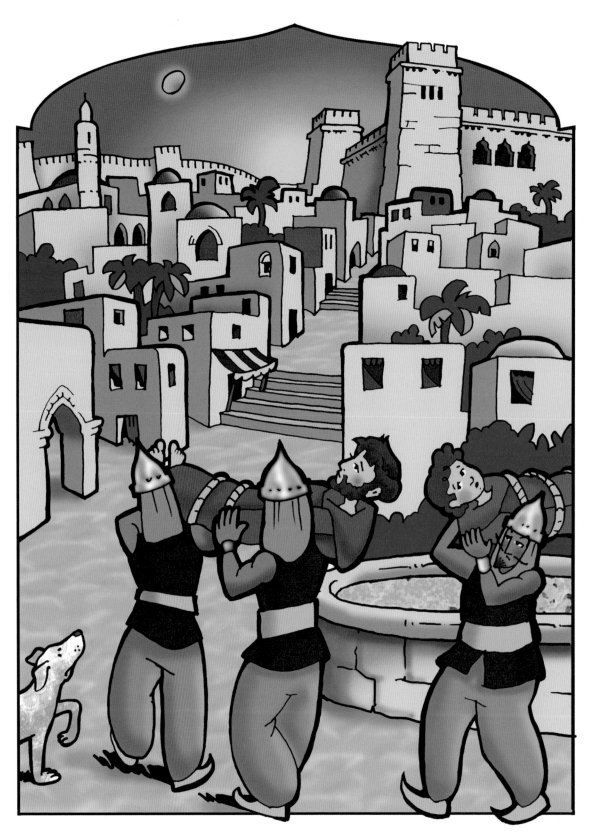

Senza perdere nemmeno un secondo, i fraticelli sono impacchettati come salami. Le guardie li portano al palazzo, per farli giudicare dal Principe in persona.

hi osa interrompere i miei sogni?", brontola l'anziano
Principe, alzandosi dai cuscini e cercando di capire chi siano
i due arrestati di fronte a lui.

ompreso l'accaduto, il Principe emette la sentenza: dovranno pagare ben 18 zecchini. "Ma non li abbiamo! – rispondono i frati –. Infatti siamo partiti senza un soldo...".

iserabili!!! - tuona il Principe - Se siete partiti così, non avete neppure pagato l'ingresso in città alla porta di Giaffa! Meritate il taglio della testa!".

 utto è pronto per l'esecuzione ma... "Fermi! - dice uno dei due frati, con la testa già sul ceppo -: ho in tasca una lettera del Sultano, che forse vi interessa...".

l Principe è senza parole: la lettera è scritta in oro ed è firmata dal Sultano, che ordina di proteggere i frati, uno dei quali è proprio il famoso Francesco!

llora il Principe fa sciogliere i fraticelli, chiede perdono per averli maltrattati e offre loro un tesoro di cento pezzi d'oro. Ma Francesco non può accettare!

o un'idea migliore, pensa Francesco... "Caro Principe, l'oro non mi serve... Piuttosto ti chiedo una piccola casa per i miei frati, qui a Gerusalemme!".

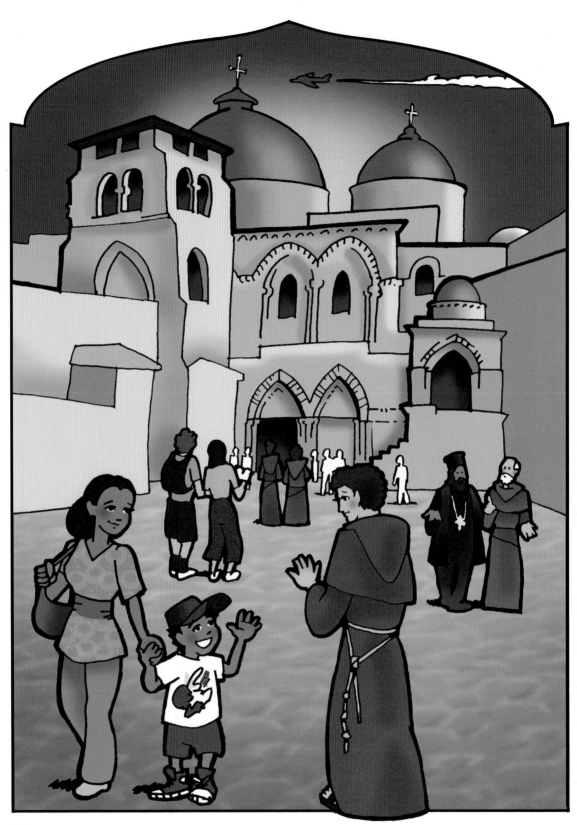

 proprio per questo regalo del Principe a Francesco, ancora oggi i frati vivono a Gerusalemme e possono visitare quando vogliono il Santo Sepolcro!

Francesco
e il Principe
di Gerusalemme

1

2

3

4

5

6

7

8

9

10

11

12

13

14

15